AF245765

OBSERVATIONS

SUR

L'EMPRUNT GUEBHARD.

IMPRIMERIE DE Mme POUSSIN, RUE MIGNON, 2.

OBSERVATIONS

SUR

L'EMPRUNT GUEBHARD,

PAR SON EXCELLENCE MONSEIGNEUR

DON XAVIER DE BURGOS,

Procer du royaume.

PARIS,

AU DÉPOT CENTRAL DE LA LIBRAIRIE,

RUE DES FILLES-SAINT-THOMAS, 5,

PLACE DE LA BOURSE.

1834.

AVERTISSEMENT.

En réponse aux injures que le comte de Las Navas, par un abus déplorable de l'inviolabilité parlementaire, avait proférées contre moi, le 24 septembre, j'annonçai, par une lettre sous la date du 25, insérée dans l'*Abeja* et dans la *Revista* du 26, que je saisirais, pour confondre cette imposture et d'autres encore, une occasion solennelle que je croyais prochaine. Cette occasion est différée, et, d'ailleurs, elle ne me permettrait pas de donner, à quelques explications purement personnelles, toute l'extension convenable. Mes amis qui (soit dit en passant) appartiennent tous à la catégorie de ceux qui croient que le respect dû aux personnes et à l'honneur des classes n'a rien à souffrir de la recherche de la vérité, ont voulu que je n'attendisse pas la circonstance annoncée pour donner ces explications. Cédant à leurs désirs, j'ai choisi, parmi les notes que j'avais réunies à cet effet, celles-ci que, à cause de leur brièveté, j'envoie à l'imprimerie sans même les mettre au net. Devant des Espagnols, la vérité peut se présenter toute nue.

OBSERVATIONS

SUR

L'EMPRUNT GUEBHARD.

Les emprunts des dix dernières années ont été l'objet d'observations très amères, et peut être l'aigreur a-t-elle eté augmentée par l'énonciation inexacte du montant de ces emprunts ; car on les a fixés, en comprenant dans une somme unique beaucoup d'opérations de nature différente , à 2,600,000,000, tandis qu'en réalité ils ne s'élèvent qu'à 1,600,000,000. Ces emprunts, objet de calomnies atroces de la part des uns, faiblement défendus par les autres, et imparfaitement connus de presque tous, ont été sur le point de s'engloutir dans un naufrage commun, et n'ont dû leur salut qu'au sacrifice de l'emprunt Guebhard , *victime propitiatoire*, suivant l'expression ingénieuse d'un ministre. Mais, si des holocaustes étaient nécessaires, pourquoi faire tomber la hache sur la victime la plus innocente?

A moi revient spécialement l'obligation de le défendre contre la proscription qui le menace ; à moi qui intervins dans quelques-unes de ses opérations ; à moi que, pour cette raison , on a prétendu envelopper dans l'animadversion passionnée, violente, excitée contre lui; à moi qui jamais ne manquai de prêter mon faible appui à la cause de la raison, et qui puis le faire aujourd'hui d'autant plus utilement, que peu de personnes se trouvent en état comme moi de donner, sur cette opération, des renseignemens exacts, complets, propres à rectifier l'opinion déplorablement égarée, et à empêcher la consommation d'une grande injustice.

On a chargé l'emprunt Guebhard de certaines accusations au moyen desquelles on prétendait justifier sa condamnation. Tels sont les points auxquels peuvent se réduire ces accusations :

1° Ledit emprunt fut nul dans son origine, contracté par une junte factieuse (la régence d'Urgel selon les uns, celle de Madrid selon d'autres) dans le temps même où les cortès en faisaient un autre à Cadix ;

2° Le roi ne put le ratifier, car ce qui est nul en soi ne se fortifie point par une ratification frappée de la même nullité ;

3° Les cortès de Cadix avaient déclaré qu'on ne reconnaîtrait d'autres emprunts que ceux faits par elles ;

4° Le montant de l'emprunt Guebhard servit, du moins en partie, à détruire le gouvernement établi ;

5° Le reste servit à river nos chaînes ;

6° Il y eut dans le prix lésion énorme, monstrueuse ;

7° Déjà la nation a remboursé deux ou trois fois la somme reçue par le gouvernement ;

8° Il y eut dilapidation et fraude dans le maniement des produits :

Personne, je pense, ne m'accusera de dissimuler ou d'atténuer les charges ; je vais les examiner successivement.

1° L'emprunt Guebhard fut nul dans son origine, comme contracté par une junte factieuse (la régence d'Urgel selon les uns, celle de Madrid selon les autres), en même temps que les cortès en contractaient un autre à Cadix.

On est surpris que, parmi ceux qui attaquent l'emprunt Guebhard, un grand nombre ne sache seulement pas par qui ni quand il fut contracté, et déjà se reconnaît la force que doivent avoir les argumens de ceux qui se montrent si bien informés de l'origine et de la marche de l'opération sur laquelle ils discourent. Il s'est rencontré bien des personnes qui, rectifiant cette erreur trop facile à réparer, et restituant à la régence de Madrid l'œuvre que des gens moins instruits attribuaient à celle d'Urgel, ont prétendu voir la preuve de la nullité du contrat Guebhard dans la coïncidence de sa date avec celle d'autres emprunts faits à Cadix par les cortès. Ce système tombe dans une autre erreur, et l'on ne peut pas plus le défendre que le premier.

L'erreur consiste à supposer que l'emprunt Guebhard est du 18 juillet, comme le contrat de Cadix avec Campbell et Lubboch. Ce que fit la régence le 16 et non le 18 juillet, fut d'approuver une sorte de programme que lui présenta un marquis de Croï, au nom de MM. Guebhard et Pictet, banquiers de Paris. Ce programme ne contenait qu'une série d'obligations éventuelles ou hypothétiques, une promesse de traiter sur certaines bases préliminaires dont il était nécessaire d'attendre la ratification, après laquelle elles devaient se résumer en traité définitif : car les propositions du marquis n'en avaient ni la forme ni le caractère ; on n'y fixait pas même le taux de la commission. Guebhard vint à Madrid pour la ratification stipulée ; mais en arrivant il déclara que son associé présumé, Pictet, se retirait de l'opération. Le même Guebhard était maître d'en faire autant, à cause de la séparation de son associé, soit qu'il changeât d'avis, soit pour tout autre motif. Le gouvernement pouvait également rompre toutes négociations et ne pas se contenter de la responsabilité de Guebhard pour une opération dont l'importance était bien supérieure à ses moyens. Il n'y avait en juillet, il n'y eut en août obligation de personne, et par conséquent point de contrat.

Ce fut seulement en septembre, après mille allées et venues, que la régence se décida à faire ce contrat ; son ministre des finances, Jean-Baptiste Erro, le signa enfin le 20 septembre, et c'est là la date réelle de l'emprunt Guebhard, date qui, elle seule, réfute l'argument tiré de la coïncidence du traité avec Campbell et Lubboch, fait à Cadix, le 18 juillet.

Si l'on répondait que le traité conclu par la régence, le 20 septembre, n'est pas plus valide, ni plus légitime que celui qui aurait été fait deux mois avant, on pourrait répliquer que, le 20 septembre,

la nation entière, à l'exception d'une ou deux places
occupées par les troupes, avait reconnu unanimement la régence, et que, lorsque, sept jours après,
les cortès de Cadix elles-mêmes se séparaient dis-
soutes, et laissaient le roi dans la plénitude de sa
souveraineté, elles ne firent que reconnaître la
puissance irrésistible d'un fait consommé, l'opinion nationale bien prononcée en faveur du roi et
du gouvernement qui commandait en son absence.
Les actes de ce gouvernement, obéi par la nation,
protégé, reconnu par les principales puissances de
l'Europe, purent être bons ou mauvais, utiles ou fu-
nestes ; mais tout le monde, ou du moins, la plupart
durent ou purent croire qu'il était légal et légitime.

N'insistons pas, toutefois, sur cette classifica-
tion qui, à l'aide d'abstractions et d'arguties,
pourrait se controverser ; attachons-nous aux faits
qui sont la pierre de touche des doctrines. Le roi
reconnut-il l'emprunt Guebhard ? « Oui, dit-on ;
« mais sa reconnaissance (et c'est là le second ar-
« gument) fut aussi nulle que le traité lui-même. »
Comment ! un roi, rétabli dans la plénitude de sa
souveraineté par l'opinion nationale unanimement
prononcée, et, si cela ne paraît point suffisant, par
une résolution explicite des cortès de Cadix, n'aurait pas pouvoir de ratifier ce qui a été fait durant
son absence, lorsqu'il pouvait faire de nouveau ces
mêmes actes dont on lui conteste la ratification ?
On refuserait au souverain, pour la seule reconnaissance de l'emprunt Guebhard, le pouvoir qu'on
lui a reconnu pour tous les actes de la régence ! Si

l'un d'eux était nul faute d'autorité légitime, tous devaient l'être également. Si cette nullité originaire de l'acte frappait du nullité la ratification, il en devrait être ainsi de celle de tous les autres; et où s'arrêterait-on en admettant cette funeste doctrine? De conséquences en conséquences nous irions à une réaction absolue, à une subversion totale.

« Mais les cortès de Cadix (c'est le troisième argu-
« ment) avaient déclaré qu'elles ne reconnaîtraient
« que les emprunts faits par elles. » D'abord cette déclaration ne fut point publiée, elle n'est connue de personne d'une manière authentique. En second lieu, quand bien même elle eût été publiée, le monarque, rentré dans la plénitude de sa souveraineté, révoqua cette disposition, par le fait seul de l'approbation ou de la négociation d'autres emprunts, en vertu du même pouvoir qui légitima tous les actes de son gouvernement durant une période de dix années, actes que personne n'a imaginé de méconnaître. En troisième lieu, comment prétendrait-on rendre obligatoires pour la nation les dispositions d'un gouvernement renfermé dans un coin de la Péninsule, qui n'obtenait l'obéissance de personne, et qui fut réduit à capituler peu de jours après? Je me souviens, avec reconnaissance, d'un grand nombre de ses actes; mais les excès de quelques-uns que l'on prétendait identifier avec lui-même, la mauvaise disposition des esprits dans l'intérieur, ou l'aversion de l'Europe pour des doctrines qui avaient détruit la paix de notre pays et qui menaçaient de troubler celle des voisins, ou

d'autres causes que moi, missionnaire d'oubli et de concorde, je ne dois ni ne veux rappeler, firent écrouler ce gouvernement sans qu'il y eût de notre faute, et depuis lors rien n'imposait l'obligation de respecter sa dernière volonté.

On a dit (et c'est le quatrième argument) « que « l'emprunt Guebhard ou une partie servit à dé- « truire le gouvernement établi). » C'est une fausseté insigne. Cet emprunt fut contracté, comme je l'ai dit précédemment, le 20 septembre, et le 30 le roi sortit de Cadix. Quoique, dans l'article 2 de la convention, il fût stipulé qu'à partir du même mois le contractant ferait un versement mensuel de 918,000 piastres durant l'espace de dix mois consécutifs, il était facile de voir qu'il ne pourrait, en dix jours, remplir cette condition ; comme en effet il ne l'exécuta point. Pour ce manque d'accomplissement le roi, en sortant de Cadix, pouvait annuler le contrat : le fit-il ? Non ; au contraire, son ministre pressa sans relâche le paiement, et s'appropria ainsi l'opération.

Mais peut-être, par là, le paiement fut accéléré ? Non certes, Guebhard ne se mit en mesure de verser ni la mensualité d'octobre, ni celle de novembre ; en décembre, il ne put fournir qu'une très faible somme, d'un peu plus de quatre millions, et dans les mois suivans, que de petites parties qui, au 5 avril 1824, montaient seulement à 13,839,648 réaux de veillon, 12 maravédis, au lieu de 140 millions échus à cette époque. La régence ne reçut pas un maravédi de l'opération ; par conséquent il est de toute fausseté qu'elle ait employé à la destruction du régime établi les produits qui se recueillirent seulement un grand nombre de mois après la suppression de ce corps. Les causes de la destruction du gouvernement constitutionnel ont été déjà indiquées.

Il est également faux que « l'argent, provenant « de cet emprunt, (et c'est le cinquième argument) « que reçut le gouvernement du roi servit seule- « ment à river nos fers. » Cet argent servit à organiser, à vêtir et armer les troupes, à fournir les magasins de l'état, à faire face à tous les besoins du service; enfin à arrêter la monarchie sur le penchant de sa ruine. On pourvut à tous ces intérêts précieux avec ces sommes; et si ce fut un mal pour quelques-uns qui gémissaient injustement dans l'émigration, et n'attendaient le retour dans leurs foyers que d'un bouleversement dans leur patrie, le pays dut cependant rendre grâces aux efforts employés pour le préserver de ce bouleversement, pour diminuer les maux de sa situation, et le conserver enfin dans l'état le moins mauvais possible pour la régénération qui devait arriver à une époque plus ou moins éloignée.

Le sixième argument est que « il y eut dans le « prix lésion énorme et monstrueuse. » Ce fait est aussi faux que les deux précédens, et, pour le prouver il suffira de comparer le prix de l'emprunt Guebhard à ceux auxquels ont été contractés, dans l'espace de 53 mois, les emprunts faits par les cortès, pour une valeur de 2,091,000,000 de réaux de veillon. En présentant ce parallèle, je déclare, de la manière la plus solennelle, que mon intention n'est point d'accuser la mémoire ni les emprunts des cortès ; mais d'établir que, de tous ces emprunts sans exception, on tira un beaucoup plus mauvais parti que le gouvernement absolu de celui de Guebhard, et que, par conséquent, ce dernier ne peut être accusé de lésion quand on reconnaît qu'il n'y en eut point dans ceux des cortès.

Le premier emprunt constitutionnel se fit le 6 novembre 1820, pour la somme de 300 millions de réaux de veillon, à 70 p. 100; celui de Guebhard, le 20 septembre 1823, à 60 p. 100. Mais le premier fut-il plus avantageux que l'autre pour avoir été contracté à 10 p. 100 de plus? Non, certes; on y fixa 5 p. 100 d'intérêt et 2 p. 100 de prime, ou, ce qui est la même chose, 7 p. 100; et celui du gouvernement absolu se fit à 5 p. 100. Les autres conditions furent égales, c'est-à-dire la commission à 5 p. 100, et la totalité remboursable intégralement par séries. Ainsi, dans l'emprunt constitutionnel, le gouvernement reçut (ou dut recevoir, car je ne réponds point qu'il les ait reçus) 65 p. 100 (taux fictif) pour lesquels il devait payer 7 fr. en intérêts et primes, ou, ce qui revient au même, 10 1|4 p. 100 (taux réel). Dans l'emprunt Guebhard le trésor reçut (ou dut recevoir, car la restriction est la même) 55 p. 100, et il s'obligeait à en payer 5 d'intérêt, ou, ce qui est équivalent, 9 p. 100 (taux réel). Voici une révélation qui déroute un peu tous les charlatans et même ceux qui ne le seraient pas. L'emprunt Guebhard, cette opération si indignement qualifiée, si atrocement jugée, se fit à un intérêt de 1 p. 100 (1) au-dessous du premier, l'un des plus avantageux contractés par les cortès, et cela lorsqu'elles se trouvaient à l'apogéé de leur prestige et de leur gloire; quand Lisbonne, Turin et Naples avaient adopté la constitution espagnole, alors que la Péninsule italique s'était placée dans une situation analogue à celle de la Péninsule ibérique, quand enfin la sympathie universelle était excitée en faveur de notre nation qui paraissait alors appelée aux plus hautes destinées. Hé bien! dans cette situation les cortès contractaient un emprunt à 10 1|4 p. 100 d'intérêt. Au contraire, en 1825, la nation espagnole était livrée à une sanglante réaction. Un gouvernement à Madrid, au nom du roi, un autre à Cadix, le roi à sa tête, se disputaient une autorité que la volonté prononcée de la nation pouvait seule adjuger définitivement au roi de Cadix ou à celui de Madrid. Pour surcroît d'embarras, le gouvernement de Madrid proclamait la banqueroute des emprunts des cortès, indisposait ainsi contre lui tous les capitalistes de l'Europe, et se fermait tous les marchés. Hé bien! dans cette situation le gouvernement absolu contractait un emprunt à 9 p. 100 d'intérêt, 1 1|4 moins que les cortès ne l'avaient fait dans la plus brillante période de leur existence. N'y aurait-il point de grandes leçons à tirer de cette comparaison?

(1) 1 1/4 d'intérêt annuel.

Neuf mois n'étaient point écoulés depuis la date du premier emprunt des cortès, et déjà, le 4 août 1821, il fallut négocier le second, connu sous le nom de national. Ce nom annonça tout d'abord qu'il ne se compléterait pas, et, en dépit des efforts du patriotisme, malgré les avantages offerts aux prêteurs, l'opération n'arriva peut-être point au tiers de la réalisation. Mais la faible partie qui se remplit produisit le meilleur de tous les résultats atteints par toute autre opération de même espèce durant le régime constitutionnel, et néanmoins l'intérêt s'éleva à 10 p. 100, car, en déduisant 4 p. 100 de commission et convertissant en argent, au cours, les titres qui étaient livrés en paiement, le gouvernement reçut 60 1|4 pour cent, pour lesquels il s'engagea à payer 6 d'intérêt. Ainsi, le plus favorable de tous les emprunts constitutionnels coûta 1 p. 100 de plus que ce misérable emprunt Guebhard si décrié, à demi-proscrit : et maintenant, qui osera parler de lésion ?

Il y a pourtant des gens qui l'osent en présence de la fameuse opération du 22 novembre de la même année 1821, connue sous le nom de conversion, laquelle, avec ses accessoires, s'éleva à la somme énorme de 1,674,196,000 réaux de veillon. Cet emprunt fut contracté à 50 p. 100 avec 4 p. 100 de commission, et 5 d'intérêt, c'est-à-dire à 11 p. 100 ; et il ne serait même pas étrange que ces intérêts montassent à 20, attendu que l'on reçut en paiement, à 70 p. 100, des créances qui valaient 13 de moins sur le marché ; le change des florins se fit à 4 réaux 1|2, et que l'on subit encore d'autres pertes, que la commission, nommée par les cortès pour examiner l'opération, ne craignit point de signaler et même d'exagérer dans son sein, ce qui n'empêcha point de passer outre.

Parlerai-je des opérations, rendues presque nécessaires par la nécessité, auxquelles le manque d'accomplissement du traité avec la maison Bernalès réduisit le gouvernement? rappellerai-je le prix auquel, dès-lors, se négocièrent nos rentes? Non, je répète que je ne me suis point proposé de discréditer les opérations des cortès, ni de récriminer sur des faits passés. Mais quand on proscrit l'emprunt de septembre 1823, sous prétexte qu'il y eut lésion, lorsqu'en même temps l'on exalte, l'on sanctifie les emprunts deux fois plus onéreux des cortès, il est nécessaire de montrer que l'ignorance des faits ou l'influence des passions peut seule conduire à des conclusions aussi contradictoires.

Et que l'on ne prétende pas, de la différence des formes entre le gouvernement constitutionnel et le gouvernement absolu, tirer la raison de la prédilection affectée pour quelques-unes de ces opérations, et de la haine qui éclate contre d'autres. La forme du gouvernement est indifférente dans la question qui s'agite. Ce qui est plus utile pour le pays, ne cesse pas d'être meilleur parce qu'il serait l'œuvre du gouvernement absolu. Ce qui est plus funeste, ne présente point un meilleur caractère parce qu'il serait l'œuvre des cortès. Avec et sans des cortès, les dettes du gouvernement qui a exercé le pouvoir sans opposition, sont légalement légitimes. Et s'il y avait un prétexte à la faveur duquel on pût se dispenser d'en reconnaître quelques-unes, certes la banqueroute ne devrait comprendre que les plus onéreuses, et alors celles des cortès devraient figurer les premières dans cette catégorie. Celles du gouvernement absolu, beaucoup moins dures, présentent en outre l'avantage de s'établir par des comptes en règle, avantage auquel ne participa jamais la dette des cortès.

On a prétendu (et c'est le septième argument), « qu'il n'y a pas lieu à rembourser le reste de cette « dette, car avec les paiemens déjà faits, elle a été « payée deux ou trois fois. » En parlant ainsi, on n'a pas réfléchi que c'est là le sort inévitable de tous les emprunts à intérêts. Quiconque prend de l'argent à 10 p. 100, remet deux fois le capital au bout de vingt ans, et, néanmoins, la dette primitive subsiste encore. Toujours et en entier subsiste la dette des 33 mois des cortès, quoique ses intérêts se payassent durant ce régime, et que l'on ne reçût pour les capitaux que des sommes relativement minimes. Dans l'emprunt de novembre 1821, il fut négocié une somme de 140 millions pour lesquels on perçut seulement 45,785,251 réaux, et pour cela, le gouvernement se soumit à rembourser une somme immense; c'est là un mal inhérent à la nature de ces opérations, et non un accident particulier de l'emprunt Guebhard, ni de tout autre contracté sous l'un ou l'autre régime. Le

dommage principal est dans la nécessité d'emprun·
ter, les autres sont les conséquences forcées de
cette nécessité même.

Enfin (et nous voici à la huitième et dernière accusation), l'on prétend justifier la banqueroute à
l'emprunt Guebhard par les dilapidations que l'on
suppose avoir existé dans le maniement des produits. Pour éclaircir ce point, comme pour vérifier
si ce fut la régence d'Urgel ou celle de Madrid qui
contracta cet emprunt, il paraissait naturel de com-
mencer par prendre des renseignemens, et, dans ce
cas, par demander au trésor s'il avait reçu ou non
les produits qui devaient résulter de l'opération ;
alors la question aurait été résolue dès le principe,
et les bavardages des désœuvrés et des envieux
eussent été confondus pour toujours. Mais puisque
l'on n'a pas suivi ce système, le seul rationnel, le
seul propre à s'assurer de la vérité ; puisque, au
mépris des faits notoires qui démentent l'accusation et que peut fournir le dernier employé, on
insiste sur ce point, et que la calomnie associe
mon nom à ces prétendus abus, je vais, pour im-
poser silence d'un seul coup à ses rumeurs et à ses
cris monotones, rappeler la marche de cette affaire, en donner à tous une idée exacte, et montrer l'insignifiance de mon intervention.

Onze jours avant la réalisation par Guebhard de
son premier versement d'un peu plus de 4,000,000,
c'est-à-dire le 2 décembre 1823, don Louis Lopez
Ballesteros remplaça don J.-B. Erro au ministère
des finances, au moment du plus grand désordre,

de la plus grande pénurie où jamais nation se fût trouvée. Ni fonds dans le trésor, ni approvisionnemens dans les magasins, ni systèmes de rentes ; pas de tête pour en concevoir, pas de main pour en présenter qui pussent être adoptés : la révolution avait tout anéanti, tout mis en fuite ; pas d'armée, pas d'ordre dans aucune branche de service ; tout était désorganisé par suite du changement apporté en peu de mois dans la forme du gouvernement. Telle était la situation du royaume, quand Ballesteros entra dans son ministère. Il lui fallut bien vite reconnaître la nécessité d'accélérer le recouvrement des sommes que Guebhard s'était obligé à payer, et, dans ce but, il expédia ordre sur ordre à don Joaquim Carresse, commissionné par la régence pour suivre cette affaire, le chargeant de presser le contractant. Mais comme celui-ci n'accomplissait pas ses engagemens, ainsi qu'il arrive à tout autre quand il ne peut vendre des inscriptions (raison pour laquelle, peu de mois auparavant, il avait été de toute nécessité, sous le régime constitutionnel, d'annuler l'emprunt contracté avec Bernalès de Londres), le ministre donna ordre à Carresse d'adjuger l'emprunt à un autre banquier, ainsi que dans la circonstance citée tout à l'heure le gouvernement constitutionnel avait fait avec Campbell et Lubbock. Carresse fit toutes les diligences pour accomplir ces ordres ; il sollicita M. Laffitte, M. Rothschild, et je ne sais combien d'autres ; il remua ciel et terre, et toujours en vain. Tous les banquiers lui déclarèrent qu'ils ne s'engageraient dans aucune opération avec l'Espagne, que celle-ci ne commençât par reconnaître les emprunts des cortès. Ainsi l'auraient exigé la justice et l'honneur du gouvernement ; mais le roi avait recommandé à tous ses ministres de ne point lui parler d'une telle reconnaissance, et il n'existait pas alors dans le royaume un seul homme capable de lutter contre cette détermination.

Dans cet état, et chaque jour pressé de plus en plus par les instances du gouvernement, Carresse rencontra enfin don Alexandre Aguado, et, usant de ses pouvoirs, il lui adjugea, le 25 mars 1824, un peu plus de la moitié des 334 millions contractés en septembre précédent par Guebhard, qui conserva le reste. Aguado intéressa dans son opération une maison qui, ayant subi des pertes notables par la banqueroute des bons des cortès, et pour cette cause, excitant puissamment l'intérêt général, diminua, par son intervention dans cette affaire, l'effervescence provoquée par l'apparition de l'emprunt Guébhard, et facilita ainsi sa prompte et avantageuse circulation.

Le gouvernement ne connaissait pas cette nouvelle circonstance, et ainsi, je n'avais pas de toute l'affaire la moindre notion. Je ne savais même pas si le roi s'était approprié ou non l'emprunt de la régence, lorsque, le 23 mars, se présente chez moi don J. Pedro Vicenti, directeur de la caisse d'amortissement, qui me propose d'aller à Paris lever les obstacles qui ralentissaient la réalisation de l'emprunt Guebhard. Après diverses explications ; j'accepte, je reçois ma nomination le 1er avril, le 9 mes instructions, et le 3 mai je me fais connaître à Paris en ma nouvelle qualité.

A mon arrivée, Aguado et Guebhard négociaient beaucoup d'obligations, grâces à la circonstance dont j'ai fait mention plus haut, c'est-à-dire à l'association du premier avec une maison intéressée dans les bons des cortès. Ma mission fut plus facile et plus simple à remplir, et je pus tout de suite faire de grosses remises au trésor, sans toutefois intervenir autrement dans l'affaire qu'en réclamant ces remises des contractans, et en les adressant à Madrid. Chaque courrier, je recevais d'eux de gros paquets de lettres de change, que j'envoyais au trésor, d'où on leur expédiait directement l'avis de leur paiement, dont le montant était porté au crédit de leur compte ; car c'étaient eux, et non pas moi, qui avaient ce compte ouvert au trésor. L'emprunt était contracté plus de six mois auparavant avec un banquier, réparti six mois après entre deux; son prix déterminé, les conditions réglées. Que me restait-il à faire? Le recouvrer. Le recouvrai-je? Oui. Envoyai-je à Madrid les produits de l'emprunt, ou en opérai-je la remise à Paris, conformément aux ordres que l'on m'adressait? Oui. Parvint-il jamais entre mes mains un seul maravédis? Non. La certitude complète de ces faits résulte des écritures de la trésorerie, dont je conserve toute la correspondance. De quelle manière ces opérations pourraient-elles donc être critiquées? Et comment mon nom pourrait-il être prononcé, en supposant qu'il existât quelques motifs de les critiquer?

Lorsque déjà s'étaient faites de fortes remises par mes mains, quelques difficultés s'élevèrent sur le change et sur les droits que réclamaient respectivement les contractans. Les premières s'aplanirent par l'adoption du système suivi durant le régime constitutionnel, et par la fixation du change de la piastre forte à 5 fr. 40 c. Les droits relatifs des contractans se fixèrent par arbitres choisis parmi d'illustres avocats et banquiers de Paris. Ni dans l'un, ni dans l'autre cas, et dans aucune circonstance, rien ne se conclut, sinon en vertu d'ordres explicites du gouvernement, confirmés par des approbations successives; quelques-unes conçues en termes qui, très flatteurs pour tous, l'étaient doublement pour moi, parce que j'étais sûr d'avoir mérité les témoignages de bienveillance dont on m'honorait.

A ces difficultés passagères s'en joignirent d'autres permanentes ou perpétuelles, conséquences forcées de la mauvaise position dans laquelle s'était placé le gouvernement espagnol. Les porteurs du papier des cortès, ennemis capitaux, et, si l'on veut, légitimes de notre crédit, combinaient fréquemment d'immenses opérations à la baisse, qui, parfois, l'amenèrent épouvantable. Dans certaine occasion, une petite somme, appliquée avec opportunité pour le compte de la caisse d'amortissement d'Espagne et par les mains de son banquier, au rachat d'un certain nombre d'obligations, rétablit promptement le niveau des prix et lui procura des bénéfices convenables ; mais la caisse ne pouvait en faire autant chaque fois que les opérations à la baisse se renouvelaient ; car, pour cela, il lui fallait des moyens dont elle manquait ; ce fut donc une bonne fortune que des particuliers fissent face à de telles manœuvres, prolongeassent, par d'habiles et patriotiques combinaisons, la hausse de nos valeurs, et empêchassent ainsi leur dépréciation progressive, qui eût été le résultat nécessaire du manque d'un fonds permanent d'amortissement. Dans de telles opérations, ces particuliers rendirent un éminent service au crédit de l'Espagne et aux porteurs de son papier, en s'exposant à faire, pour leur compte, ce que le gouvernement lui-même aurait dû faire pour le sien, s'il avait possédé des ressources pour cet objet. Si des bénéfices furent obtenus ainsi, ils furent la récompense honorable et légitime d'efforts généreux en faveur du crédit espagnol. Et jamais les gouvernemens ni leurs banquiers n'agirent autrement : ceux-là, en destinant un fonds d'amortissement au rachat périodique de leurs obligations en circulation, ceux-ci en secondant, par de forts achats, des escomptes et autres moyens analogues, l'action permanente de l'amortissement, et en maintenant ainsi le prix élevé des valeurs auxquelles ils s'intéressaient. Par ces moyens le célèbre Rothschild commença et consolida une fortune immense dont personne n'attaque l'acquisition rapide et honorable. Ainsi font journellement à Londres et à Paris les banquiers qui, s'identifiant ainsi avec les gouvernemens qu'ils servent, ne craignent point de courir des risques dans les opérations auxquelles les force parfois la nécessité de ne point voir leur crédit subir une atteinte. Ce système d'opérations est si clair, si général, si nécessaire qu'il y a honte à vouloir l'expliquer. Mais comment s'en dispenser quand ces détails de la dernière trivialité paraissent ignorés de ceux-là mêmes qui s'arrogent un droit presque exclusif d'exercer leur critique sur ces questions? Outre l'intérêt du gouvernement espagnol à voir soutenir son crédit, ainsi qu'on le fit lorsque l'occasion se présenta, il n'eut et ne dut avoir d'autre rapport dans l'affaire Guebhard, que de faire payer aux contractans les sommes auxquelles ils s'étaient obligés. Aguado et Guebhard remplirent-ils cette obligation? S'ils ne le firent point, qu'on leur réclame ce qu'ils doivent; s'ils payèrent, affaire terminée. Telle est la marche uniforme et générale de cette classe d'opérations.

Mais ce n'est point la même que les partis ont coutume de suivre. Dans les temps de troubles civils, si un ignorant conçoit un soupçon injuste, si un envieux le propage, si un bavard le développe et l'étend, si, courant de bouche en bouche, il s'accroît et s'augmente comme les boules de neige faites par les enfans, c'est une bonne fortune pour l'esprit de faction. Du soupçon à l'injure la distance est courte; de l'injure à la calomnie le passage facile; on ouvre le champ à la malignité, on donne un corps au fantôme. On invente des circonstances équivoques afin de ne pas se voir dans la nécessité d'entrer dans des détails qui découvriraient complétement l'iniquité de la manœuvre; et quand l'homme de bien contre qui elle est dirigée (car les factions ne lancent jamais leurs traits à d'autres), se fiant dans l'absurdité évidente de l'accusation, dédaigne de la combattre, il remarque avec surprise que, par légèreté ou par perfidie, l'on en parle comme d'un fait dont on ne veut pas prendre la peine d'examiner l'origine, ni la possibilité, ni les conséquences.

Par des motifs de nature différente, mais, par des voies analogues, on a procédé de même dans les accusations ridicules et extravagantes sur les emprunts des dix dernières années. Comme cela était naturel, ils commencèrent à être discrédités par les personnes qui avaient souffert de la banqueroute des bons des cortès; elles croyaient peut-être avec raison que si personne ne procurait d'argent au gouvernement il faudrait bien qu'il réparât cette injustice pour en obtenir. Aux intéressés dans les opérations de finances des cortès qui étaient en grand nombre, et qui se trouvaient protégés par la justice de leurs plaintes et par la sympathie de l'opinion, se réunirent des milliers d'individus lancés par une fatale réaction hors de leur patrie et qui répandaient partout l'irritation que leur inspirait une proscription non méritée. Accueillis dans les pays libres, ils eurent à leur disposition, pour y propager leur ressentiment, tous les journaux qui professaient des doctrines généreuses, et ceux-ci répétant sans relâche les imputations violentes que l'intérêt et le désespoir exagéraient journellement, parvinrent à rendre presque générale la clameur contre l'Espagne et son gouvernement, et, par contre-coup, contre ses banquiers et ses agens. Sûrs d'eux-mêmes, ceux-ci négligèrent de repousser des erreurs ou des calomnies dont tous leurs actes offraient la plus complète réfutation; et ainsi la boule de neige continua à grossir.

Il ne serait pas étonnant que cette circonstance ait été mise à profit par une faction fanatique, dirigée dans les années précédentes par deux ministres qui étaient en lutte perpétuelle avec les trois autres doués de sentimens modérés et justes, et particulièrement avec le ministre des finances; elle se serait montrée fidèle aux traditions et aux habitudes de tous les partis. Le comte de La Alcudia, chef de cette faction, peut bien, dans son désir de se venger de l'opposition énergique et libérale de don Louis Ballesteros, recueillir quelques-unes des imputations qui, pour les motifs ci-dessus exprimés, circulaient sans doute contre lui, et que ni sa position, ni la conviction de la justice de ses actes ne lui avaient permis de dissiper. Mais en supposant certain (ce que j'ai ignoré jusqu'ici), que Alcudia réunît quelques-unes de ces rumeurs pour en former un faisceau, peut-être dans une intention de procès (mais jamais de procédure, car une procédure c'est autre chose), ce n'en est pas moins une calomnie évidente, que le roi ait ordonné d'informer contre Ballesteros et contre moi, puisque Ballesteros continua d'être ministre pendant l'administration de Alcudia, et que tous deux cessèrent en même temps leurs fonctions. Qui aurait empêché l'accomplissement de la résolution souveraine, si elle eût réellement existé? Comment Alcudia, dont le pouvoir égalait l'audace et la haine, aurait-il négligé d'exécuter un ordre qu'il aurait provoqué, soit pour satisfaire ses ressentimens particuliers, soit, si l'on veut, par un autre motif plus élevé? Comment, en supposant même que l'ordre prétendu eût été révoqué, Ballesteros serait-il resté au ministère et Alcudia se serait-il maintenu à côté de lui? Un tel échafaudage pour rendre probables les iniquités supposées de l'emprunt Guebhard est une indigne, abominable imposture, plausible seulement aux yeux de celui qui eut le malheur de l'inventer.

C'est sous le même caractère que se présente une allusion, faite par le même, à la disparition d'un prétendu dossier que certainement don Louis Ballesteros ne put feindre d'avoir égaré, puisqu'il cessa d'être ministre en même temps que l'auteur de cette allégation. Qui donc aurait pu cacher ce dossier? Moi, par hasard? Mais comment me trouvais-je ainsi placé si près que je pusse m'en emparer? Et ensuite, dans quel but l'aurais-je mutilé ou détruit? Ou les faits qu'il contient sont faux, et dans ce cas, il vaut mieux que l'on en tienne registre pour la confusion de ceux qui les inventèrent; ou ils sont vrais, et alors la destruction d'un dossier partiel

ne sert à rien, puisque dans les bureaux existe-
ront toujours les documens qui prouveraient la
criminalité alléguée des actes. Aussi, moi qui n'ai
jamais fait de folies dans ma vie, j'aurais été, en
conscience, aussi loin d'entraver aucunement la
prétendue procédure, que je l'ai été d'empêcher
la vérification des documens sur les emprunts qui
existent dans les différens bureaux du royaume.
J'étais ministre, lorsque don Jose Aranalde donna
un ordre pour les mettre tous à la disposition de
certains individus qui n'avaient alors aucun caractère public, et qui, sans que je les connusse même
de vue, étaient néanmoins ou se montraient mes
ennemis. Cette mesure pouvait avoir de graves
conséquences, sous mille rapports, et surtout par
la destination qu'on pouvait donner à des copies
particulières que l'on tirerait de documens dont on
ne devait faire qu'un usage public. Comme ministre, j'aurais pu et dû peut-être réclamer contre
une telle disposition, tant pour ce motif que pour
le vice de sa clandestinité, car loin d'avoir été
approuvée par le conseil des ministres, elle ne lui
avait pas même été proposée. Ni alors, ni depuis,
je ne fis la plus légère observation, et je laissai
s'achever la vérification des originaux, et faire
des copies, afin que l'on n'attribuât point mes réflexions sur la suspension de la mesure à des vues
d'intérêt particulier.

Et quelles auraient pu être ces vues, et que pou-
vait-il retomber sur moi, en supposant que dans

les opérations qui , pour les motifs déjà énoncés , excitèrent de si indignes clameurs , il y eût des illégalités ou quelque autre chose à reprendre ? « *Dans aucun de tous les emprunts faits, soit avant, soit après 1823, je n'ai eu d'intervention grande ou petite.* » Celle que j'eus dans l'emprunt Guebhard se borna à en presser le recouvrement, sans que jamais passât par mes mains un seul maravédi, ni du montant de cette opération , ni des remises que dut faire la caisse d'amortissement pour en payer les intérêts. Dans le premier cas, les remises des contractans étaient adressées par moi au trésor qui leur en accusait directement réception. Dans le second cas, les remises de la caisse étaient livrées par moi à des banquiers de Paris, qui (soit dit en passant) étaient autres que les contractans de l'emprunt Guebhard ; et non seulement je n'eus jamais en mon pouvoir des fonds d'aucuns desdits établissemens , mais il me fallut au contraire engager plus d'une fois ma garantie personnelle , pour répondre des obligations de la caisse, qui, en diverses occasions , ne compléta pas ses envois au risque de voir compromis le service des intérêts. La résolution, dont je ne me suis écarté dans aucun cas, de n'avoir jamais entre mes mains un réal du gouvernement pour confondre par avance toute imputation malveillante et enlever ainsi à l'envie son aliment ordinaire , me fit repousser toujours la proposition, et même désobéir à l'ordre de payer en mes mains les intérêts et les séries de l'emprunt Guebhard , moyennant une commission qui n'était pas au-dessous de 200 mille réaux par an. Et cet ordre, la direction de la caisse me le donna souvent en vain, quelquefois avec dureté, et je refusai de m'y soumettre avec une constance digne de mon désintéressement et de mon devoir d'enlever tout prétexte à la calomnie. A la caisse d'amortissement existe la correspondance qui prouve ces faits et beaucoup d'autres plus honorables encore. Si quelqu'un de ces titres à un orgueil légitime avait disparu, je les conserve pour les montrer à qui voudrait les voir.

Comme dans cette époque de passions tout est empoisonné, on a prétendu envenimer aussi la conversion de l'emprunt Guebhard en rente perpétuelle. C'était une mesure d'une utilité immense, et quand le rétablissement définitif de l'ordre général permettra de faire justice, on rendra à celui qui l'ordonna l'hommage d'une juste gratitude. Conformément au contrat, l'emprunt Guebhard était remboursable intégralement par séries, condition très onéreuse à laquelle dut se résigner le ministre de la régence, sans doute parce que ceux du régime constitutionnel avaient fait ainsi dans les emprunts du 6 novembre 1820 et du 4 août 1821. Le gouvernement du roi pensa éviter les inconvéniens de cette réintégration périodique, en convertissant en rente perpétuelle les obligations remboursables, moyennant une prime de 5 p. 100 sur la valeur du capital. Que cette opération fût favorable à l'Espagne, c'est ce qui est prouvé sans répplique par le nombre restreint de ceux qui convertirent; car il est clair que tous les porteurs d'inscriptions l'auraient fait s'ils avaient cru trouver leur compte à l'échange. S'ils ne l'y trouvèrent pas, et s'ils n'opérèrent point la conversion par ce motif, il est évident que l'opération était conçue dans l'intérêt de la nation.

Et elle n'était pas seulement avantageuse à la nation en ce qu'elle l'affranchissait d'un insupportable remboursement annuel, elle l'était également parce qu'elle procurait au gouvernement des ressources dont il avait un pressant besoin. On a prétendu discréditer la négociation d'obligations qui se fit en cette circonstance, en la qualifiant de supercherie, en lançant contre elle je ne sais combien d'autres traits encore. Mais que fut en définitive cette opération, sinon la répétition de ce que fit le gouvernement de Cadix, en 1823, avec Campbell et Lubbock? Il les chargea de négocier des obligations pour son compte; le gouvernement du roi donna à Aguado une mission semblable; mais, en faveur de cette dernière disposition, il y a des circonstances notables qui la rendent plus légale, plus morale, plus licite que celle du 18 juillet. A cette époque le gouvernement de Cadix était presque réduit à la dernière extrémité. Pas un seul individu, en Espagne, n'ignorait le sort qui l'attendait, et l'on ne pouvait soupçonner qu'il pensât à remplir les obligations contractées sous de tels auspices; c'est ce que montra tout de suite le prix auquel elles se négocièrent. La même chose n'arriva pas au gouvernement du roi dans le cas en question. En contractant des engagemens, il avait les moyens de les remplir; en négociant des obligations, il savait que leur prix serait proportionné à la situation des marchés. L'essence de l'opération changeait-elle par hasard parce que l'emprunt se faisait par commission ou pour le compte direct du banquier? Rigoureusement, les deux cas sont les mêmes, car, si les obligations ne se négocient pas, le prix stipulé ne se paie pas; il en arrive ainsi non seulement par rapport à l'Espagne, mais encore avec tous les gouvernemens du monde.

En terminant ces observations, je ne dois point passer sous silence que, pendant le temps que je fus commissionné de la caisse à Paris, je ne laissai pas passer un seul jour sans insister sur la nécessité d'adopter des principes d'ordre et de justice, base unique du crédit auquel il était inutile de prétendre par d'autres voies.

Dès les premiers momens de mon arrivée dans cette capitale, j'annonçai l'impossibilité de faire aucune opération importante en finances sans la reconnaissance préalable des obligations contractées de 1820 à 1823. En cent occasions je manifestai l'opinion que le gouvernement n'inspirerait pas de confiance tant que, au moyen d'une amnistie illimitée, il ne réunirait pas autour du trône espagnol tous les enfans de la patrie que la révolution de 1823 avait dispersés sur tous les points du globe. Je ne laissai échapper aucune occasion d'exhorter le gouvernement à entrer dans les voies de l'équité, sans laquelle il ne pouvait remplir son auguste mission de protéger tous les intérêts. L'influence funeste d'un parti ne laissant point écouter mes patriotiques réflexions, comme il n'était point possible, si elles n'étaient pas accueillies, de rien faire à Paris qui pût améliorer sensiblement la condition du crédit, je sollicitai avec instance, et vingt fois, au moins, je demandai qu'on me laissât retourner dans mes foyers, ainsi que je le fis en 1827. Plus tard, les circonstances changèrent, et le gouvernement rencontra des banquiers pour lui procurer de l'argent, et à des conditions beaucoup moins lourdes que les sacrifices auxquels on se soumit dans la plupart des emprunts des cortès, et particulièrement dans celui de conversion et les suivans. Je m'en félicitai, parce que mon désir a toujours été que ma patrie fût heureuse, et elle ne pouvait l'être tant que le gouvernement se trouvait dans la détresse. Mais ma position était changée et je n'exerçais aucune intervention dans les opérations qui se firent depuis, comme je n'avais aucune responsabilité dans les précédentes.

Et si je m'exprime ainsi, que l'on ne pense pas que, en cas de nécessité, je me refuserais à répondre de la convenance, de l'utilité et même de l'urgence de chacune des opérations limitées et peu nombreuses dans lesquelles je suis intervenu. Que quiconque le voudra, articule, formule des accusations de quelque nature que ce soit, sur les opé-

rations qui se firent de mai 1824 à janvier 1827,
(et que l'on observe bien la date, elle seule con-
fond les 999 millièmes de toutes les impostures) et
ici à la face de l'Espagne et du monde, je suis prêt à
donner sur elles des explications qui convaincront
le plus obstiné, qui rendront muet le plus acharné
de mes calomniateurs. Pour les donner, pour dissiper les erreurs, pour confondre les impostures,
je demeurai ici en quittant le ministère, au lieu
de me rendre à des bains éloignés, qui déjà en
deux occasions, me furent très utiles, et faute des-
quels je suis menacé de passer l'hiver au lit. Mais
n'importe, de là je répondrai à tous ceux qui m'in-
terrogeront; de là, j'éclaircirai des idées que l'i-
gnorance ou la méchanceté se sont appliquées à
embrouiller. Et, si je succombe à des souffrances
qu'un remède appliqué à propos aurait pu détruire
ou atténuer, je dirai en expirant : J'ai dissipé
l'erreur, j'ai confondu l'imposture, je meurs en
accomplissant le dangereux apostolat de ma vie
entière, l'apostolat de la raison, de la vérité et de
la justice.

Et, comme souvent une accusation n'est point
lancée pour obtenir des explications, mais pour
exciter le scandale, moi, qui veux en finir, j'ai
sollicité du gouvernement l'emploi des moyens de
réparation que j'ai indiqués ; réparation à laquelle
tout individu a un droit incontestable, et celui-là
surtout qui, par des services rendus à la patrie,
peut prétendre à de hautes distinctions. Et qu'ai-je

besoin d'énumérer ces services? L'Espagne saura apprécier les bienfaits d'une administration de six mois que la calomnie ne pourra jamais faire oublier. Associé au bienfait immense de la régénération espagnole, à la formation et promulgation du statut royal, mon nom durera aussi long-temps qu'ils subsisteront. Et sa gloire ne sera point diminuée pour avoir consacré mon dévouement au service du monarque défunt pendant les dix dernières années de son règne. Dans la personne de ce monarque comme dans celle de tout autre qui lui succédera par droit de naissance sanctionné par la volonté nationale, je n'ai vu et ne verrai jamais qu'une permanente et vivante représentation de la patrie.

J'ai répondu à tous les argumens élevés contre l'emprunt Guebhard, mais en me réservant encore de faire valoir, en temps opportun, d'autres considérations importantes pour empêcher, s'il est possible, la consommation du sacrifice.

J'ai repoussé toutes les imputations intéressées, officieuses, dirigées contre moi. Les recherches ordonnées à ma sollicitation par le gouvernement de S. M. achèveront authentiquement de les confondre.

Madrid, 6 octobre 1834.

www.ingramcontent.com/pod-product-compliance
Lightning Source LLC
Chambersburg PA
CBHW061640060726
47597CB00005B/1970